DIE DINOSAURIER

Idee:
Christophe Hublet

Text:
Emilie Beaumont

Illustrationen:
Christel Desmoinaux

Übersetzung aus dem Französischen
von Claudia Jost

FLEURUS
VERLAG

Auf Spurensuche

Wissenschaftler, die sich mit Dinosauriern beschäftigen, heißen Paläontologen. Sie suchen in der Erde nach Resten von Skeletten dieser Tiere. Auf diese Weise können sie etwas über das Aussehen und die Lebensweise der Dinosaurier erfahren.

Warum finden wir heute noch Dinosaurierskelette? Wenn ein Dinosaurier im Wasser starb, wurde sein Körper vom Schlamm begraben. Jahrmillionenlang legte sich Sand und Kies darauf. Die Knochen versteinerten. Wenn der Fluss austrocknet, tragen Wind und Regen die Erdschichten ab und das Skelett kommt wieder zum Vorschein.

Anhand der Form und der Größe der Fußabdrücke können die Paläontologen errechnen, wie groß und schwer der Dinosaurier war und wie schnell er laufen konnte.

In Museen werden vollständige Skelette nachgebaut. Dabei werden sowohl die von den Paläontologen gefundenen echten Knochen als auch künstliche benutzt.

Zur Zeit der Dinosaurier

Vor vielen Millionen Jahren beherrschten die Dinosaurier die Erde. Dann verschwanden sie auf mysteriöse Weise. Die Dinosaurier waren Landreptilien und ihr Name bedeutet so viel wie „schreckliche Echse". Es gab mehrere hundert Arten. Einige von ihnen waren riesengroß.

Lange Zeit bevölkerten die Dinosaurier unseren Planeten. Klima und Pflanzenwuchs wechselten häufig. Hier seht ihr eine Landschaft aus der Zeit, in der es warm war und viel regnete. Die Pflanzen waren unvorstellbar groß.

Zur Zeit der Dinosaurier gab es auch Flugechsen. Pteranodon war so groß wie ein Kleinflugzeug. Er kreiste über die Meere und fing Fische.

Die Dinosaurier lebten nicht nur an Land. Einige Arten bevölkerten auch die Meere. Manche von ihnen, wie Elasmosaurus, waren riesig.

Damals gab es auch schon kleine Säugetiere. Sie waren nicht größer als eine Maus und ernährten sich von Insekten, Pflanzen und Früchten.

Die Vorfahren der Fleisch fressenden Dinosaurier hatten kurze Beine. Ihr Gebiss war mit zahlreichen spitzen Zähnen besetzt.

Die Pflanzenfresser

Die Pflanzenfresser unter den Dinosauriern ernährten sich von Gräsern, Pflanzen und Sträuchern, aber auch von den Blättern der Bäume. Unter ihnen befanden sich die größten Landtiere aller Zeiten.

Diplodocus hatte einen sehr langen Hals. Sein Kopf war etwa so groß wie der eines Pferdes, aber sein Gehirn war so klein wie eine Orange.

Diplodocus gehörte zu den größten Pflanzenfressern.

Genau wie unsere heutigen Kühe waren die Pflanzen fressenden Dinosaurier Wiederkäuer. Sie brauchten riesige Mengen an Nahrung.

Zur Verbesserung ihrer Verdauung schluckten einige Dinosaurierarten Steine, die in ihrem Magen die Pflanzen zu Brei zerkleinerten.

Der Schwanz von Diplodocus war sehr lang. Er endete in einer Art Peitsche, die er kraftvoll einsetzte.

Die Pflanzenfresser

Im Gegensatz zu den großen wurden die kleineren Pflanzenfresser immer wieder Opfer der Fleisch fressenden Dinosaurier. Viele Pflanzenfresser besaßen wirkungsvolle Mittel zur Verteidigung.

Der riesige Triceratops hatte zwei lange Hörner auf der Stirn und auf der Nase ein kürzeres. Sie dienten zu seiner Verteidigung, aber er griff damit auch andere Tiere an. Er brauchte sich vor keinem Kampf zu fürchten.

Triceratops

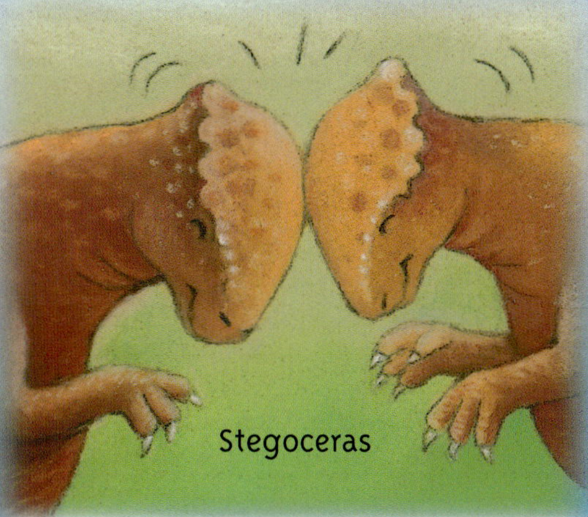

Die Schädeldecke einiger Pflanzenfresser war mit einer dicken Knochenkuppe überzogen. Im Kampf stießen sie die Köpfe aneinander.

Es gab auch Dinosaurier mit einer sehr dicken Haut, die mit Schuppen besetzt war. Einige hatten sogar zusätzlich noch Stacheln. Das war ein richtiger Panzer.

Alle Pflanzenfresser mit Hörnern griffen ihre Gegner mit gesenktem Kopf an, so wie es die Nashörner noch heute tun.

Andere Dinosaurier hatten nicht nur Stacheln, sondern schwangen zu ihrer Verteidigung noch ihren mächtigen Schwanz, der in einer knöchernen Keule endete.

Die Fleischfresser

Auf dem Speiseplan der Fleischfresser standen Echsen, Schlangen, Insekten, kleine Säugetiere und sogar kleinere Pflanzen fressende Dinosaurier. Einige von ihnen fraßen auch Eier und Fische. Der größte bekannte Fleischfresser unter den Dinosauriern war der Tyrannosaurus.

Die besonders großen Dinosaurier konnten nicht lange rennen. Sie griffen aus dem Hinterhalt an.

Nicht alle Fleisch fressenden Dinosaurier waren riesengroß. Die kleineren hatten schlanke, muskulöse Beine, mit denen sie schnell laufen konnten.

Einige dieser Dinosaurier ähnelten einem Strauß. Sie hatten kleine Vorderfüße und einen langen Schwanz, den sie beim Laufen hochhielten.

Tyrannosaurus hatte ein mächtiges Gebiss. Seine Zähne waren so spitz wie Dolche und nach hinten gebogen.

Dieser Dinosaurier war ein hervorragender Fischfänger. An seinen Vorderfüßen hatte er lange Krallen. Mit ihnen konnte er die Fische blitzschnell aus dem Wasser holen.

Die Fleischfresser

Die ganz großen Fleisch fressenden Dinosaurier jagten allein. Ihre Beute hatte keine Chance, den mächtigen Pranken zu entkommen. Sie wurde sofort zerfleischt. Die kleineren Dinosaurier griffen in der Gruppe an.

Deinonychus hatte sichelförmige Krallen und war ein schneller Läufer. Er griff seine sehr viel größere Beute immer zu mehreren an, genauso wie es auch die Wölfe tun.

Einer der kleinsten Dinosaurier war nicht viel größer als eine große Katze. Er ernährte sich von Eidechsen und Insekten.

Dieser kleine Laufsaurier konnte schnell rennen. Man nimmt an, dass er gefiedert war. Avimimus fraß Insekten und kleine Reptilien.

Einige Fleisch fressenden Dinosaurier besaßen eine oder mehrere Krallen, die länger waren als die anderen.

Dieser Dinosaurier war so groß wie Tyrannosaurus und hatte auf dem Rücken einen Kamm. Dadurch war er sehr schwerfällig und konnte nicht kämpfen.

Die Jungen

Wie alle Reptilien legten auch die Dinosaurier Eier. Sie gruben ein Nest in den Boden und kleideten es mit Blättern und Schlamm aus. Es wurden schon einige solcher Nester gefunden, daneben lagen die Skelette erwachsener Tiere. Offenbar bewachten die Eltern das Nest.

Die Dinosaurierjungen waren bei ihrer Geburt winzig klein, aber sie wuchsen schnell heran.

Die Weibchen blieben immer in der Nähe des Nestes, um die Eier zu bewachen.

An einem ruhigen und sicheren Ort legten die Weibchen mehrere Eier. Sie ordneten sie sorgfältig in ihrem großen Nest.

Die Weibchen der großen und schweren Dinosaurier brüteten die Eier nicht aus. Sie hielten sie mit Sand und Blättern warm, ohne sie dabei zu beschädigen.

Wahrscheinlich hatten die Jungen ein kleines Horn auf ihrer Nase, mit dem sie die Eischale von innen aufpickten.

Bei den kleineren Dinosaurierarten brüteten die Weibchen ihre Eier aus, so wie es heute noch die Vögel tun: Sie legten sich darauf, um sie zu wärmen.

Das Ende der Dinosaurier

Warum sind alle Dinosaurier gleichzeitig ausgestorben, während andere Tiere, wie zum Beispiel die Vögel und die kleinen Säugetiere, überlebten? Diese Frage stellt die Forscher noch immer vor ein Rätsel.

Einige Forscher glauben, dass ein riesiger Vulkanausbruch die Ursache für das Aussterben der Dinosaurier ist. Ihrer Ansicht nach sind bei diesem Ausbruch unvorstellbare Mengen an Asche und Staub in die Luft geschleudert worden, die die Sonne verdunkelten. Danach war es auf der Erde für lange Zeit dunkel und kalt.

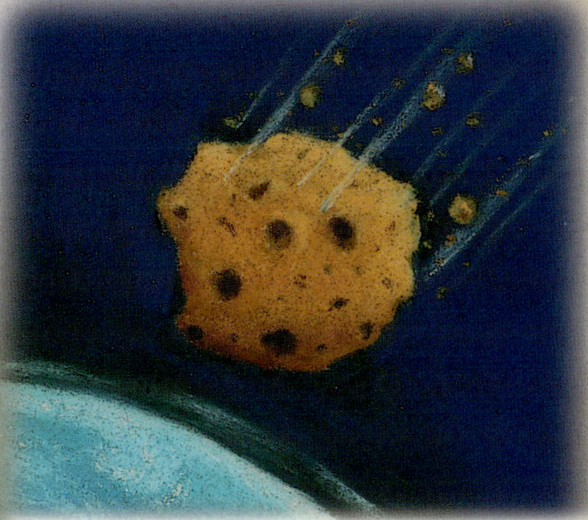

Andere Forscher meinen, dass ein riesiger Meteorit, also ein großer Stein aus dem All, auf der Erde einschlug. Danach gab es enorm große Staubwolken und Brände, die zahlreiche Pflanzen und Tiere vernichteten. Diese Katastrophe könnte aber auch durch einen Kometenregen verursacht worden sein.

Dem warmen und feuchten Klima folgte vielleicht eine Eiszeit. Die Pflanzen gingen ein, die Pflanzen fressenden Dinosaurier verhungerten und die Fleischfresser, die sich von ihnen ernährten, starben auch.

Dinosaurierrekorde

Nicht alle Dinosaurier waren gigantisch groß. Aber die größten unter ihnen stellen Gewichts- und Größenrekorde auf, die niemals wieder erreicht wurden.

Diplodocus war so lang wie drei Busse.

Brachiosaurus wog so viel wie elf Elefanten. Er ernährte sich von den Blättern der Bäume.

Tyrannosaurus, der Furcht erregendste Fleischfresser in dieser Zeit, war größer als eine Giraffe. Ein Mensch wäre ihm nicht einmal bis zum Knie gegangen.

Dieser kleine Dinosaurier war nicht größer als ein Huhn. Er war ein schneller Läufer und ernährte sich von Insekten und Echsen.

Torosaurus gehörte zu den größten Horndinosauriern und hatte einen Halsschild. Sein Schädel war riesig und so groß wie ein kleines Auto.

Der schnellste Dinosaurier konnte noch schneller laufen als der Strauß, dem er stark ähnelte. Anders als der größte lebende Laufvogel hatte er aber keine Federn.